가람시조문학상
이호우시조문학상
수상 작품집

가람시조문학상 이호우시조문학상 수상 작품집 - 잡기, 폐광

초판 1쇄　2009년 5월 15일
지은이　김영재 · 정용국
펴낸이　김영재
펴낸곳　책만드는집

주소　서울 마포구 합정동 428-49번지 4층 (121-886)
전화　3142-1585·6
팩스　336-8908
전자우편　chaekjip@chol.com
출판등록　1994년 1월 13일 제10-927호
ⓒ 김영재 · 정용국, 2009

* 이 책의 전부 또는 일부 내용을 재사용하려면 사전에 저작권자와
  책만드는집의 동의를 받아야 합니다.
* 잘못 만들어진 책은 구입하신 서점에서 교환해드립니다.

ISBN 978-89-7944-306-6 (03810)

가람시조문학상
이호우시조문학상
수상 작품집

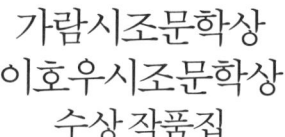

잡기 雜器_ 김영재
폐광 廢鑛_ 정용국

책만드는집

| 차례 |

8 · 해설_유성호

1부

| 김영재 편 |

26 · 雜器
28 · 氷瀑
29 · 탁족 설법
30 · 아름다운 땀 냄새
31 · 으악으악
32 · 散骨
34 · 비틀대며 소백산을 내려와서
35 · 손으로 보는 식물원
36 · 편지 받고
37 · 눈 내리는 집
38 · 독거노인
39 · 용문사 은행나무
40 · 하얀 뱃바닥
41 · 청도 생각
42 · 변산 일박

2부

44 · 닭백숙에 술 한잔
45 · 참 맑은 어둠
46 · 무술 영화처럼
47 · 겨울 태백행
48 · 추석 전야, 어머니
49 · 밤 항구에서
50 · 단풍
51 · 갈대
52 · 절벽
53 · 소금 창고
54 · 지워지는 슬픔
55 · 山役
56 · 오지에서 온 손님
58 · 화엄동백
59 · 겨울 별사
60 · 어머니

3부

| 정용국 편 |

64 • 폐광
66 • 먹
68 • 두꺼비집에게
70 • 실상사 뒷간에는
71 • 추사의 바다
72 • 외마디 비명도 없이
73 • 엄마 그늘 아래
74 • 추억의 올드 팝송
75 • 슬픈 이마
76 • 어머니 매운 손끝이
77 • 중환
78 • 파도는 밤새 내 멱살을 잡고
80 • 명함
82 • 마현에서 온 편지
84 • 자필 이력서 한 통

4부

- 86 · 어금니
- 87 · 엉겅퀴
- 88 · 별똥별
- 89 · 사랑의 곳간
- 90 · 도깨비바늘
- 91 · 황사
- 92 · 묘공 행장
- 93 · 폭설
- 94 · 섬
- 95 · 왜 발걸음 더 무거운지
- 96 · 서애의 헛기침
- 97 · 오징어
- 98 · 낡은 애증은 시름 속에서 울고
- 99 · 늙은 동백이 나에게
- 100 · 자화상

- 102 · 시인의 말

| 해설 |

서정의 다양한 문양을 보여주는 시의 도반
— 김영재와 정용국의 시편들

유성호 문학평론가·한양대 교수

1

이번에 김영재 시인과 정용국 시인이 공동으로 시집을 낸다고 한다. 마음을 모아 같은 길을 가는 이를 일러 항용 '도반道伴'이라 말하거니와, 이번 시집은 10년 터울의 두 시인을 각별한 도반의 인연으로 묶어주는 중요한 표지標識가 되지 않을까 생각해본다. 이렇게 이들을 한자리에 모이게 한 그 각별한 인연은 무엇일까?

말할 것도 없이, 가장 먼저는 '시조時調'다. 인적 구성과 매체적 저변이 그리 풍요롭지 못한 정형 시단에서 이들이 만나 서로 나눈 시간의 깊이가 가장 중요한 공통 항목이 되었을 것이다. 다른 하나는 시조 시단의 큰 상賞을 이들이 연거푸 함께 받게 되면서 생긴 인연이다. 두 사람은 이호우시조문학상(2006)과 가람시조문학상(2009)의 본상과 신인상을 나란히 수상하면서 일종의 공동 기억을 가지게 되었고, 그래서 그 공동 기억을 기념하는 시집을 이번에 묶게 된 것이다.

그만큼 이번 시집은 스스럼없는 축하를 받을 만한 충분한 내력을 가지고 있다 할 것이다. 그래서 우리로서는 이 길지 않은 글을 통해, 이번 시집에 실린 두 시인의 수상작과 근작近作들을 중심으로, 서정의 다양한 문양을 보여주는 시의 도반들이 가닿은 지경地境을 살펴보고자 하는 것이다.

2

김영재 시편은 오랫동안 우리에게 다양하고 복합적인 문양紋樣을 선사해왔다. 이제 30년을 훌쩍 넘은 그의 시력詩歷은, 일관된 '서정'의 원리를 그 나름으로 지켜가면서도 우리 시조 시단에서 가장 이채로운 실험적 언어들을 선보여 온 시간으로 기억되고 있다. 이번에 가람시조문학상을 받은 다음 작품 역시, 다른 이들의 시선이 채 가닿지 않은 소재를 응시하면서 새로운 기억을 창출해내고 있는 사례가 될 것이다. 가령 시인은 조선 시대 서민들이 사용했던 '막사발'을 깊이 응시하면서 그 안에 담긴 내력에 대한 재발견을 수행하고 있는데, 비록 '雜器'에 귀속될 수밖에 없는 '막사발'일지라도 이때 그것은 호환할 수 없는 힘으로 되살아오게 된다.

사발이 되려거든 막사발쯤 되어라

청자도 백자도 아닌 이도다완井戶茶碗 막사발

일본국 국보로 앉아 고려 숨결 증언하는

백성의 밥그릇이었다가

막걸리 사발이었다가

삐뚤삐뚤 생김새

거칠고도 투박하다

용처가 저잣거리라 雜器라고 했던가

무사함이 貴人이요, 단지 조작하지 마라

臨濟錄을 바친 그윽한 속뜻 있어

본색이 천것 아니라 백성의 밥이었거늘
-「雜器」전문

  일본 국보로 지정된 조선의 막사발 '이도다완井戶茶碗'을 소재로 한 이 시편은, 일제 시대 조선 문화 연구가였던 야나기 무네요시柳宗悅가 이도다완에 대해 『임제록臨濟錄』에 있는 "무사함이 貴人이요, 단지 조작하지 마라"라는 구절을 헌사한 일화를 근간으로 씌었다.

원래 '막사발'이라는 명칭에는 "청자도 백자도 아닌" 것 곧 거칠고 투박하고 삐뚤삐뚤 생긴 외관이 한껏 배어 있다. 그것은 "용처가 저잣거리라 雜器"라고 명명되었던 존재이기 때문이다. 하지만 시인은 그토록 하찮은 존재를 재차 호명하면서 그것이 일종의 범접할 수 없는 '신기神器'였음을 역설적으로 증언한다. 결국 시인의 시선에 의해 "이도다완井戶茶碗 막사발"은 비록 지금은 "일본국 국보"일지라도, 오래도록 우리 "백성의 밥그릇"이었고 "막걸리 사발"이기도 했던 내력이 발견된다. 그래서 시인은 그 '막사발'이야말로 "천것 아니라 백성의 밥"이었음을 증언하고 있는 것이다. 그 순간 '막사발'은 우리 민족의 공동 기억으로 살아나게 된다.

다음은 연전에 받은 이호우시조문학상 본상 수상작이다.

지독하고 아름다운 땀 냄새 맡아보라

북한산 향로봉 밑 칼끝 같은 바위 길

절면서 산길 오르는 장애인 사내 뒤에서

사내는 절며 걷지만 세상을 딛고 오른다

땀 냄새는 쿠데타다, 골수에서 터진 순수

누군들 성한 다리로 온전히 걸어왔는가
- 「아름다운 땀 냄새」 전문

그동안 시인에게는 "산행의 과정이 곧 시 쓰기 과정인 시인 김영재"(김형중)라든지 "사랑의 행로 속에 산행의 길이 놓여 있다"(이지엽)라는 평판이 줄곧 따라다녔다. 물론 이는 시인 스스로 산행을 즐겨 하기 때문이겠지만, 그보다는 '산행'을 일종의 '만행萬行'으로 삼아온 그의 시 쓰기 방식이 지속적으로 이어져 왔기 때문일 것이다. 이 시편도 그러한 과정에서 얻어진 가편佳篇인 셈이다.

시인이 주목하는 "지독하고 아름다운 땀 냄새"는 가령 "북한산 향로봉 밑 칼끝 같은 바위 길 / 절면서 산길 오르는 장애인 사내 뒤에서" 빛처럼 새어 나온다. 물론 그 사내는 육신의 불편함 때문에 절며 걷고 있지만, "골수에서 터진 순수"를 가지고 '쿠데타'에 가까운 땀 냄새를 흘리며 산행(山行 / 産行)을 하고 있다. 그 순간 "성한 다리"와 세상을 디디면서 "절며 걷는" 다리는 그 경계선을 무너뜨리며 '땀 냄새'의 아름다움 속에 하나로 스며들게 된다. 시인은 일찍이 "사람도 비탈을 닮아 / 직선으로 下山 못 하고"(「비틀대며 소백산을 내려와서」) 있다고 노래한 적이 있는데, 그 비틀거림에 젖은 '땀 냄새'의 아름다움이 바로 산행 중에 만난 "쓰러져 / 기댈 수 있는 / 막막함"(「절벽」)의 하나였을 것이다.

  이렇게 김영재의 수상작들은 민족의 공동 기억 창출, 타자들에 대한 가없는 연민을 꿈꾼다. 이는 그가 일관되게 일구어온 '사랑의 시학'의 연장선에서 피어난 음역音域일 것이다. 비교적 근작이랄 수 있는 다음 시편들에서 그 관심과 목소리는 더욱 확장된다.

    누군가 잠드는가
    겨울이 깊어가듯

    정갈한 흰옷 입고
    감나무 혼자 서 있다

    적막도 숨을 고르는
    눈 내리는 작은 집

    가지 위에 쌓인 눈
    손을 놓듯 떨어진다

    앞 강물 휘돌지만
    돌아올 수 없듯이

    등 굽은 초승달 한 채

겨울 하늘 가고 있다
　　―「눈 내리는 집」전문

　한 폭의 정갈한 화폭을 우리에게 보여주는 이 시편은, 누군가 잠든 듯이 고요한 깊은 겨울에 "정갈한 흰옷 입고" 감나무가 서 있는 "적막도 숨을 고르는 / 눈 내리는 작은 집"의 풍경을 소묘하고 있다. 가지 위에 쌓인 눈도 떨어지고 강물도 돌아올 길 없는 곳으로 흐르듯 "등 굽은 초승달 한 채 / 겨울 하늘 가고" 있는 풍경이 선명하고 아름답게 포착되고 있다. 이처럼 이 시편은 풍경 묘사 자체에 공을 들인 서경敍景 원리에 의해 씌었지만, 사실은 사라져가는 것들에 대한 일종의 애가哀歌로 읽을 만하다. 그야말로 "행간에 암묵까지도 담아내야 하는 묘법"(박시교)을 보여준 사례일 것이다.

　사실 동양 미학에서는 시와 대상의 관계의 묘처妙處가 '부즉불리不卽不離(그대로 본뜸도 아니고 그렇다고 전혀 떨어져 있는 것도 아님)'에 있다고 본다. 그것은 물론 서정과 묘사의 통합을 말하는 것이지만, 동일화 논리인 은유나 감정이입과 전혀 다른 것이다. 그것은 사물의 의상意象이 그 내포된 바의 깊고 얕음을 고스란히 드러내는 것을 의미한다고 보아야 할 것이다. 거기에는 시인의 성정性情이 그대로 반영되는데, 깊은 사람이 사물에 대해 본 바는 깊고, 얕은 사람이 사물에 대해 본 바 또한 얕다는 것이다. 김영재 시인의 깊은 시선이 이렇게 대상의 의상의 깊이를 고스란히 드러낸 것이다. 다음 시편도 이러한 원리를 한껏 구현하고 있다.

> 눈발 치는 이른 아침 겨울 용문산 가보았다 천 년을 넘게 살아 거무칙칙한 은행나무
>
> 벗을 것, 다 벗어 던지고 바람 앞에 알몸
>
> 그렇지만 껍질 단단해 계곡에 박힌 돌멩이 같고, 그 속에 박힌 옹이 어머니 젖가슴 같으니,
>
> 때 되면 잎을 토해내 천 년을 더 살겠다
> -「용문사 은행나무」 전문

이 시편에서는 고요히 눈이 내리는 것이 아니라 거세게 눈발이 몰아치고 있다. 그 겨울 이른 아침에 시인이 용문산에 가서 본 "천 년을 넘게 살아 거무칙칙한 은행나무"가 시편의 주인공이다. 은행나무는 바람 앞에 모든 것을 다 벗어 던진 나목裸木의 모습으로 서 있다. 하지만 그의 단단한 껍질은 꼭 "계곡에 박힌 돌멩이"를 연상시키며, 그 안에 박힌 옹이는 꼭 "어머니 젖가슴"을 환기하고 있다. '돌멩이'의 견고함과 '젖가슴'의 생명력이 결속된 은행나무는, 시인의 시선에 의해 "때 되면 잎을 토해내 천 년을 더 살" 존재로 태어난다. 그 순간 은행나무는 "외롭고 / 고단한 날들 이겨내야 한다고"(「어머니」) 말씀하셨던 어머

니가 재현된 것이기도 하며, "상처가 열려 있어야 사랑 볼 수 있다는"(「손으로 보는 식물원」) 시인의 오랜 생각이 형상으로 드러난 것이기도 하다. 이렇게 시인은 사물의 풍경을 통해 깊은 시선을 드러내는 원리로써 서정의 지경을 넓혀가고 있는 것이다.

이 밖에도 이번 시집에는 많은 논자들에 의해 분석되고 상찬된 바 있는 「화엄동백」, 「겨울 별사」, 「참 맑은 어둠」, 「단풍」 등이 풍요롭게 실려 있다. 실로 김영재 시편의 명실상부한 대표작 집성을 이루고 있다고 보아도 좋을 것이다.

3

사실 '시조'는 그 형식적 규범성과 내용적 안정성으로 인해 낡은 양식으로 오해받는 경우가 흔하다. 마찬가지로 현실을 깊이 있게 탐색하는 에너지가 자유시에만 존재한다는 편견도 적지 않다. 아닌 게 아니라 시조는, 주체와 대상의 화해로운 일치와 동일성의 원리에 의해 씌는 것이 대부분이기 때문이다. 그래서 일탈보다는 안정, 비판적 사유보다는 생의 긍정에 이르는 지혜가 강조되곤 하였다. 하지만 복합적 현실에 대한 비판적 사유가 현대시조로 올수록 점증漸增하면서, 현실성 회복이라는 굵은 선을 보이는 사례가 없지는 않다. 비교적 시력이 길지 않은 정용국 시편이 이처럼 시조 양식의 가장 빈곤한 영역에서 발원하고 있음은 반가운 일이 아닐 수 없다.

일찍이 "전방위적인 소재의 선택과 편편마다 넘치는 열정, 그리고 비판적 세상 읽기"(민병도)로 주목받았던 정용국 시편들은, 이제 세련화와 다양화라는 과제를 하나하나 충족해가면서 우리 시조 시단의 중요한 목소리로 태어나고 있다. 이번에 가람 시조문학상 신인상을 받은 시편을 읽어보자.

1
혼이 빠져나간 자리

녹슨 금강경 몇 줄

공양도 마다한 채
긴 안거에 들어 있다

순순히
소신燒燼한 몸을
애물처럼 붙안고

2
혈穴마다 진津을 빼고
뭉개놓은 행간行間엔

임시방편 허기들이
아우성을 치는데

사초史草는
　　변명도 없이
　　긴 한숨만 내쉰다.
　　─「폐광廢鑛」 전문

　산업화 시대의 가장 활발했던 한 육체가 빠져나가고 이제는 폐허로 남게 된 '폐광廢鑛'을, 삶의 한 형식으로 은유하고 있는 작품이다. 시인은 그 폐광을 "혼이 빠져나간 자리"에 걸려 있는 "녹슨 금강경 몇 줄"로, 그리고 "공양도 마다한 채 / 긴 안거에 들어"간 존재로 환기한다. 그래서 그 폐광은 "소신燒燼한 몸"을 안고 있는 것이다. 그런데 그 "혈穴마다 진津을 빼고" 있는 곳에서 '사초史草'는 기록을 멈추고 한숨만 쉬고 있다.
　원래 '사초'란 사관이 기록하여둔 초고草稿로서 나중에 실록實錄의 원고가 되는 일종의 저본인데, 그 '사초'가 기록을 멈추고 장탄식에 들어갔으니, 우리는 여기서 '폐광'을 바라보는 시인의 비애의 깊이를 알 수 있을 것이다. 그렇다면 이호우시조문학상 신인상을 그에게 안긴 다음 작품은 어떤가.

　　오십 년을 엎드려 못난 놈 시봉하며

　　온갖 고약 냄새 거친 음식 받아내다

　　삭정이 앙상한 마디에 뿌리까지 삭았다

호사는 고사하고 말치레도 야박해

오금을 못 추며 세월을 갈았는데

얇은 귀 견디지 못하고 외통수로 내치네

두는 것이 화근이라며 가차 없이 들어내니

검은 뿌리 하늘 보고 은쟁반에 누우셨다

육탈한 저 맑은 정신이 언 뺨을 갈긴다.
― 「어금니」 전문

  뿌리까지 삭은 '어금니' 역시 육체의 '폐광'일 것이다. 시인은 반백 년 동안 자신을 시봉侍奉하고 나서 스스로 삭아버린 '어금니'를 가차 없이 들어내고 나서, 그 뽑힌 어금니의 "검은 뿌리"를 두고 "육탈한 저 맑은 정신이 언 뺨을 갈긴다"라면서 자신을 경책하는 자세를 보인다. 그야말로 '어금니'는 시인에게 "무자화두無字話頭"(「별똥별」)가 되어 "향기를 아껴 도피안到彼岸 넘나"(「실상사實相寺 뒷간에는」)드는 존재로 화한 것이다. 그러니 시인의 혜안을 통해 가장 하찮은 존재인 '폐광'이나 뽑힌 '어금니'는 그 스스로 "해인海印의 장엄"(「추사秋史의 바다」)을 드러내는 존재로 바뀌게 된다. 이처럼 정용국의 상상력은 하찮은 것들이 의미를 획득해가는 일종의 '존재 전환'을 꿈꾸는 생성 지향의 상상력이다.

이번 시집에 실린 정용국 시편들을 굳이 분류하자면,「왜 발걸음 더 무거운지」,「파도는 밤새 내 멱살을 잡고」 등의 인물 시편,「섬」,「도깨비바늘」,「오징어」 등의 사물 시편,「슬픈 이마」,「외마디 비명도 없이」 등의 기행 시편,「어머니 매운 손끝이」 등의 추억 시편 등이다. 이러한 속성을 다양하고도 실험적인 시편으로 승화하고 있는 그의 시 세계는 지금 한창 확장 중이라 할 것이다. 다음 근작 시편은 그 가운데 마지막 범주에 속할 것이다.

　　근심도 졸고 있는 헐렁한 지하철에
　　애잔한 노랫소리 잠결처럼 퍼진다
　　세월을 더듬거리며 물건을 파는 사내

　　추억의 칠공팔공 엄선된 애창곡들
　　만 원짜리 단 한 장에 억울하게 엮여서
　　쓸쓸한 나나 무스쿠리 하이 톤이 울고 있다

　　앞이마가 훤해진 중년의 저 사내도
　　아득한 멜로디에 취해서 울었으리
　　비정규 아린 기억을 훈장처럼 매달고

정겹던 저 노래들 올드 팝송 되었고
우리의 애틋함은 애증으로 남아서
울지도 웃지도 못할
저울질만 하고 있다.
−「추억의 올드 팝송」 전문

  이 시편에는 애틋한 추억이 잠겨 있다. 지하철에서 애잔한 노랫소리를 담아 "세월을 더듬거리며 물건을 파는 사내"는 아마도 예전에는 그 노랫가락에 몸을 실었던 적이 있는 사람일 것이다. 이제는 시인이나 그 사내나 모두 "추억의 칠공팔공"들이 되어, "앞이마가 훤해진 중년"이 되어, 지하철에서 울려 퍼지는 "쓸쓸한 나나 무스쿠리 하이 톤"을 듣고 있다. 순간 우리 모두 "정겹던 저 노래들 올드 팝송" 될 동안 "애틋함은 애증으로" 바뀐 채 살아온 소시민일 뿐이다. 이때 시인이 그 사내에게서 "비정규 아린 기억"을 읽으면서 "울지도 웃지도 못할 / 저울질"을 계속하는 것은 사회적 현실에 대한 연대감의 표현일 것이다. 그래서 정용국이 구현해가는 시적 현실은 우리 시조 시단에서 매우 개성적인 음역音域이 되고 있는 것이다.
  이때 시인이 구성하는 '시적 현실'이란, 상상력 속에서 채택된 구체적 장면에서 환기되는 것이며 여기에는 현실 탐색과 비판의 정신이 녹아 있다. 우리는 시대 현실과 인간 존재의 근원적 조건을 동시에 암시하는 풍부하고 복합적인 형상이야말로 우리 시대에 필요한 단단한 현실감각에서 가능한 것이라고 말

할 수 있는데, 그 점에서 정용국 시인은 그 같은 시적 현실을 매만지고 드러내는 데 "언제나 발군拔群"(「묘공 행장猫公 行狀」)의 기량을 구축해가지 않을까 생각해본다.

4

그동안 현대시조는 다양한 근대적 변형을 치르면서 오늘날까지 양식적 동일성을 이어왔다. 하지만 정형 양식으로서 가질 수밖에 없는 선험적 규정성이 엄존하고 있고, 낡은 중세주의의 연장으로 바라보는 편견까지 남아 있어 이른바 근대적 양식으로의 이월이 그리 순탄치는 못했다고 할 수 있다. 그래서 현대시조는 '현대'라는 에피셋과 '시조'라는 양식 규정이 서로 일정하게 상충을 일으키며 논의의 구심을 형성하지 못했다. '현대'에 대한 요구를 무리하게 관철할 경우 자유시와 변별되지 않는 원심적 파격破格 과잉이 염려되고, '시조'로서의 동일성을 강조할 경우 고시조가 가졌던 전언 및 형식에서의 진화 여부가 문제시되었기 때문이다. 하지만 우리는 우리 시대에 '시조'가 지닌 정격正格의 미학과 근대 비판적 속성이 일정하게 대안적 지표를 가질 수 있다고 생각한다. 그래서 우리는 고시조의 구투를 한껏 벗어나, '다른 목소리(the other voice)'를 통한 전언 방식과 소재의 다변화를 꾀하면서 동시에 우리 시대의 결핍 요소들을 채워가는 이른바 '역진逆進'의 방식에 대해 우호적으로 읽고 수용하는 것이다.

그 점에서 서정의 다양한 문양을 보여주는 시적 도반으로서,

김영재와 정용국이 보여준 시조 미학은 시조 시단의 오랜 주목을 받게 될 것이다. 다양하고 실험적이면서 또한 고전적 격조를 향해 가는 김영재 시편들과 활달하고 폭이 넓은 내러티브를 내장하면서도 사회성 짙은 서정을 구축해가는 정용국 시편이 한 지붕 아래 단아하게 마련한 집 한 채를 바라보면서, 그것을 축하하는 소이가 바로 여기에 있다.

김영재 편

1부

雜器

사발이 되려거든 막사발쯤 되어라

청자도 백자도 아닌 이도다완井戶茶碗 막사발

일본국 국보로 앉아 고려 숨결 증언하는

백성의 밥그릇이었다가

막걸리 사발이었다가

삐뚤삐뚤 생김새

거칠고도 투박하다

용처가 저잣거리라 雜器라고 했던가

무사함이 貴人이요, 단지 조작하지 마라*

臨濟錄을 바친 그윽한 속뜻 있어

본색이 천것 아니라 백성의 밥이었거늘

* 임제록의 한 구절을 일본인 무네요시(柳宗悅)가 이도다완에 바쳤다 함.

氷瀑

하얗게 얼어붙은

그대의 뜨거운 심장

여기서부터 묵언이다

조금씩 녹고 있다

사랑은

빙벽에 스며

겨울 햇살 불러들인다

탁족 설법

풍월 읊지 않는다

퉁소 불지 않는다

개울에 주저앉아 두 발만 씻는다

굳은살 옹이를 키운

저 산에 큰절 올린다

발바닥 문지르면

거친 삶이 잡힌다

뚜벅뚜벅 걸었던 상처가 물살 가른다

무공해 송사리 떼가

몰려와 듣는 설법

아름다운 땀 냄새

지독하고 아름다운 땀 냄새 맡아보라

북한산 향로봉 밑 칼끝 같은 바위 길

절면서 산길 오르는 장애인 사내 뒤에서

사내는 절며 걷지만 세상을 딛고 오른다

땀 냄새는 쿠데타다, 골수에서 터진 순수

누군들 성한 다리로 온전히 걸어왔는가

으악으악

민둥산 억새밭에 으악으악 으악새 울면

내 청춘도 한때는 줄기러기 멤버였지

까르륵 눈물 나도록 사무침에 배곯았던

散骨

고마운 사람들 모두 두고 너는 간다

그리움이 가루로

뼛가루로 너는 날린다

지친 봄

황사보다 미세하게

콜록이며 콜록이며

가는 곳 어디냐고 물을 수 없을 만큼

정갈하고 적막하게

산천을 떠돌겠지

울음은

밤비에 스며

자근자근 잠이 들까

비틀대며 소백산을 내려와서

소백산 싸락눈은
사선으로 퍼붓더라

메마르고 가파른
비탈에 내린 탓일까

사람도 비탈을 닮아
직선으로 下山 못 하고

단양 읍내 가까운 어의곡 민박집에 박혀

토종닭 큰 놈 잡아 술 취해 눕고 싶네

골짜기 뒤틀려 휘돌듯 멋대로 퍼지고 싶네

손으로 보는 식물원

눈을 떠도 세상이 안 보이는 눈 오는 날
광릉 숲 찾아가 나무들 안아보아라
나무들 심장이 뜨거워져 제 이름 고백할 테니

나무의 심장에 처음처럼 입술을 대면
사각사각 타오르는 사과나무 불꽃 냄새
사랑도 그와 같아서 영롱한 가슴 되리

상처가 열려 있어야 사랑 볼 수 있다는
광릉 국립수목원 손으로 보는 식물원
상처는 잎이 돋기까지 얼마를 돌아왔을까

* 광릉 국립수목원에 시각장애인을 배려한 '손으로 보는 식물원'이 조성돼 있다.

편지 받고

그렇게 살아갈 날들 얼마나 있을까요

몇 줄의 편지 받고 지난 만남 생각합니다

비 오고 지친 마음이 창을 조금 닫습니다

눈 내리는 집

누군가 잠드는가
겨울이 깊어가듯

정갈한 흰옷 입고
감나무 혼자 서 있다

적막도 숨을 고르는
눈 내리는 작은 집

가지 위에 쌓인 눈
손을 놓듯 떨어진다

앞 강물 휘돌지만
돌아올 수 없듯이

등 굽은 초승달 한 채
겨울 하늘 가고 있다

독거노인

가족 없이 병든 방에
겨울 가고
봄이 왔다

창밖 저 꽃은 개나리
그렇지, 이쪽은 민들레

아니면
집 나간 자식이거나
먼저 간 영감이거나

용문사 은행나무

눈발 치는 이른 아침 겨울 용문산 가보았다 천 년을 넘게 살아 거무칙칙한 은행나무

벗을 것, 다 벗어 던지고 바람 앞에 알몸

그렇지만 껍질 단단해 계곡에 박힌 돌멩이 같고, 그 속에 박힌 옹이 어머니 젖가슴 같으니,

때 되면 잎을 토해내 천 년을 더 살겠다

하얀 뱃바닥

갈매기 뱃바닥이 하얗다고 그녀가 말했다

나는 음란하게 그녀의 배가 하얗겠지 마음먹었다

철 이른 봄 바다를 보며 배가 고픈 것이었다

청도 생각

청도에 술 익는다 민병도 기별 없어도

올갱잇국 해장하러 기신기신 가야겠네

감꽃이 비리게 떨어져 풋정이 서러웠던

유호연지 꽃 벙글어 등 없어도 환한 곳

주렁주렁 반시 달려 처녀들 붉어지겠네

초승달 염화미소로 밤하늘 홀로 가는

변산 일박

채석강은 오늘도 종일을 시립해서
포개놓은 시루떡 진설하지 못하네
곰소항 젓갈 냄새를 흠흠흠! 벌름댈 뿐

내소사 일주문 나선 빗나간 목어 한 마리
어둠이 무진 깊어 바다 찾아가다가
빈속에 인연이 얽혀 객창에 뒹군다네!

바다에 빠진 달을 건질 수 없듯이
수만 권 책 있어도 펼치지 못하는 밤
그녀의 분홍 옷깃이 나비 되어 팔랑

2부

닭백숙에 술 한잔

전라도 화순 땅 운주사에 들어섰더니,
볼품없는 돌부처님 서 있어도 삐딱하고,
보란 듯이 누워 있는 어떤 놈은 목이 뎅강 날아갔고,
양반 아닌 머슴부처 폼을 잡고 버티고 있거니,
별것도 아니구나 싶어 눈 한 번 주지 않고,
절 구경 한 듯 만 듯 무등산 증심사 앞 백숙집으로 달려가,
닭 다리 안주 삼아 소주를 켜고 있는데 냅다,
뒤통수 후리는 소리 네 이놈 너만 마시기냐!

참 맑은 어둠
– 무산 스님 생각

사랑을 버리고 싶다
버릴 사랑
어디 있느냐

백담사
굽이 오름길
어둠이
참 맑다

스님은
혼자 서 있고
산은
여럿 모여 산다

무술 영화처럼

앙상한 대추나무 한 그루
눈 올 듯 흐린 하늘
산역山役 간 마을 사람들
반쯤 취해 돌아오고
산 흙도 덤으로 묻어오고
〈사자 매장死者埋葬〉 서서히 멈추는
자막字幕

겨울 태백행

눈보라 말 달리고
기차는 어둠 가른다
서서 잠든 검은 나무가
수음하듯 소릴 지른다
차창에
음각으로 박힌 치사량의 내 얼굴

추석 전야, 어머니

섬진강, 그 가난한 마을 속으로
밤 기차가 지나간다

섬진강, 그 가난한 마을 속으로
마지막 버스가 지나간다

내 설움,
여기쯤에서 그만둘걸 그랬다

밤 항구에서

뱃사람의 장화에선 낯선 바람 죽어 나오고

누군가 켜다 둔 어둠도 남아 나오고

아낙의 화냥기 울음 밤을 질러 울었다

밀어내도 밀어내도 바다는 머물렀다

집-떠난 비린내만 빈 배에 묶여 있고

한 생애 거친 달빛은 만 조각 넝마였다

단풍

단풍도 처음에는 연초록 잎새였다

너와 나

사랑으로 나뒹굴고 엉클어질 무렵

목이 타

붉게 자지러져

숨이, 탁!

끊긴다

갈대

너 대신 흔들리기 위해 거친 땅에 뿌릴 박는다

줄기는 곧게 서서 사람의 키를 훨씬 넘고

널 위해 준비한 흔들림으로 갈대는 언덕에 섰다

맨 처음 꽃 피울 땐 청순한 보라였다

널 만나 흔들리면서 하얀 머리칼 되었다

단단한 줄기 그 속을 비워내기 위해서였다

꺾이고 흔들리는 것이 어디 갈대뿐이냐고

젖은 땅 습지 곁에서 너는 위로하고 있지만

갈대는 더 젖기 위해 늪으로 가고 있었다

절벽

우리 앞에 가로막는
절벽은 있어야겠다
사정없이 후려치는
바람에게 뺨 맞고
쓰러져
기댈 수 있는
막막함 있어야겠다

소금 창고

내 마음 깊은 곳에
소금 창고 한 칸 짓고 싶다
비좁고 허름하지만
왕소금으로 가득 찬
그 창고
문을 밀치면
큰 바다가 세상을 뒤덮는

지워지는 슬픔

전깃줄에 새들이, 어두워지는 시간에, 더욱더 어두워지면서, 하나씩 지워지고

지워진 그 자리에는 슬픔마저 지워지고

山役

참으로 싱그런 일이다
등성이 타고 오르는
바람과 함께 실어 보내는
새로운 출발의 삽질
참으로 싱그런 일이다
등성이 타고 오르는

오지에서 온 손님

함백산*이 찾아왔다 한밤중에 소리 없이
내 가슴 열려 있었으나 그 손님 너무나 커
속마음 졸이다 보니 그리움만 여위었다

그 품에서 바라본 태백의 장대한 모습
태백도 함께 왔는지
들린다! 만항재** 바람 소리
온몸이 흥건히 젖는 일
산에서만 아니었다

살아 천년 죽어 천년 주목의 생몰 사이
나는 걷고 또 걸었다
살을 에는 바람 속을
고통이 기쁨인 것을 그때서야 알았다

눈길을 걸었으나 눈 위가 아니었고
급경사 올랐지만 급경사가 아니었다
몸 하나 비우고 가면
속리俗離, 따로 없다

* 강원 정선군 고한읍과 태백시의 경계에 있는 1,573m의 산. 태백산과 마주하고 있으며 『산경표』에는 대박산(大朴山)이라 했는데 '크고 밝은 뫼'란 뜻.
** 강원 정선군 고한읍과 영월군 상동읍, 그리고 태백시 등 세 고장이 한데 만나는 지점에 걸려 있는 고개. 함백산 줄기가 태백산(1,567m)으로 흘러 내려가다가 잠시 숨을 죽인 곳이라는 만항재(1,330m)는 우리나라에서 포장도로가 놓인 고개 가운데 가장 높은 지점에 위치한 고갯길이다.

화엄동백
−시교에게

뚝뚝 목이 지는 화엄사 동백을 만나
일자리 작파하고 유랑하는 친구의 말씀
지리산 반야봉 너머 환한 세상 있것다

　천왕봉 상상봉에
　매어놓은 〈바람 집 한 채〉

바람을 부르면 슬픈 가락이 되고 구름 몰려오면 벼락 치는 노한 소나기로 우르릉 쾅쾅, 섬진강 은어 떼 뛰듯 철없이 튀어 올라 평사리 무논 바닥 잡풀 자라듯 그렇게 한시절 살아보려 했는데 절뚝이며 절뚝이며 술잔 비우네

　동백은 생살로 목이 뒹굴고
　어둠은 말 없는 산을 감춘다

겨울 별사

당신의 겨울 산의 속살이고 싶습니다

당신의 속살이 되어 내리는 흰 눈을 쓰고

눈 내린 시간을 지키는 등불이고 싶습니다

강물을 가로질러 날아오르는 철새처럼

나 또한 철새 되어 당신의 가슴으로 날아올라

칼바람 날개로 버티는 사랑이고 싶습니다

어머니

전화기 속에서 어머니가 우신다
'니가 보고 싶다' 하시면서
나는 울지 않았다
더욱더
서러워하실 어머니가 안쓰러워

어릴 적 객지에서 어머니 보고 싶어 울었다
그때는 어머니
독하게 울지 않으셨다
외롭고
고단한 날들 이겨내야 한다고

언제부턴가 고향이 객지로 변해버렸다
어머닌 객지에서
외로움에 늙으시고
어머니
날 낳던 나이보다, 내 나이 더 늙어간다

정용국 편

1부

폐광 廢鑛

1
혼이 빠져나간 자리

녹슨 금강경 몇 줄

공양도 마다한 채
긴 안거에 들어 있다

순순히
소신燒燼한 몸을
애물처럼 붙안고

2
혈穴마다 진津을 빼고
뭉개놓은 행간行間엔

임시방편 허기들이
아우성을 치는데

사초史草는
변명도 없이
긴 한숨만 내쉰다.

먹

그대 몸에
듬뿍 묻어
한 획으로 남고 싶다

사지死地의 벌판 위를
거침없이 내닫다가

일순에
천지를 가르는
대자보大字報가 되고 싶다

벼루에 녹아내려
담채로만 살아서

긴 밤을
하얗게 앉아
응어리를 풀어줄

온 세상

이윽히 비추는
대장경大藏經이 되고 싶다.

두꺼비집*에게

들끓어 넘치더니
눈도 귀도 다 멀어
온몸을 내던진 채
뻘밭을 나뒹구네
가슴에 고약을 붙이고
진을 빼는 청춘아

힘겨운 과부하過負荷도
진저리로 버텨내며
수많은 산을 쌓아
머리맡에 남겨두고
기어이 제 살을 녹여
벼랑길로 향하는

저 순진한 납鉛덩이
엄살이라도 부리지
하늘이 시리다는
내숭인 줄만 알았네
시원한 바람 한 가지

꺾어 엎어줄 것을.

* 재래식 전기 안전 개폐기.

실상사實相寺 뒷간에는

잡초도 당당하게 제 자리를 지키며
약사전 뒤뜰에서 묵언정진 중이고
모퉁이 채소밭에는 욕심 한 점 없구나

철 불상 삼 층 석탑 곰삭은 시간을 지고
단출한 보광전은 금식수행 하는 듯
제각각 향기를 아껴 도피안到彼岸 넘나들다

백 년 묵은 뒷간에선 해탈한 똥 냄새가
제 흥에 우쭐대는 담장 밖 세상에게
넌지시 고운 눈 들어 죽비 툭툭 치신다.

추사秋史의 바다

북청北靑* 칼바람이 할퀴고 보채는 밤엔
글씨도 힘에 겨워 일어서다 무너지고
한 획이 천 리만큼씩
마음 밖에 서 있다

생각을 짓이긴 채 뛰쳐나간 글씨는
욕심을 끌어안고 긴 밤을 앓고 와선
오만도 다 내려놓고
사리舍利로 앉아 있네

더러움에 물들지 않고 가을 물을 닮은 글씨가**
잔물결 잠이 들어 온 세상 다 비추는
해인海印의 장엄 속에서
새벽길을 나선다.

* 함경남도에 소재한 추사의 유배지.
** '秋水文章不染塵'에서.

외마디 비명도 없이
-백령도 두무진* 시편

삼십 리 바닷길이 천 리만큼 멀어진

장산곶 그리다가 피와 살이 다 말라

외마디 비명도 참고 뼈만 남아 섰구나

꽃게 조기 고래 새끼 울안에 뛰노는데

빌미의 선線 그어둔 채 하냥 마주만 보며

부끄런 주의보注意報들을 쏟아내고 있더라.

* 북한의 장산곶이 바라보이는 백령도에 있는 해안 절벽.

엄마 그늘 아래

일부러 더운 날 골라
엄마 산소 풀 베러 간다

아그배나무 그늘 아래
근심 묶어두신 채
뙤약볕 된비알 고랑
마주 섰던 마음 밭

족제비가 물고 가
까뭇해진 세월 자락
산모기 뜯겨가며
돌아보는 엄마 품엔

날뛰며 뒹굴던 날들
온순히 돌아오고.

추억의 올드 팝송

근심도 졸고 있는 헐렁한 지하철에
애잔한 노랫소리 잠결처럼 퍼진다
세월을 더듬거리며 물건을 파는 사내

추억의 칠공팔공 엄선된 애창곡들
만 원짜리 단 한 장에 억울하게 엮여서
쓸쓸한 나나 무스쿠리 하이 톤이 울고 있다

앞이마가 훤해진 중년의 저 사내도
아득한 멜로디에 취해서 울었으리
비정규 아린 기억을 훈장처럼 매달고

정겹던 저 노래들 올드 팝송 되었고
우리의 애틋함은 애증으로 남아서
울지도 웃지도 못할
저울질만 하고 있다.

슬픈 이마

허기진 고원 위에
슬픈 이마를 묻고

노새도 하늘 바라
부처를 지고 가는

라싸의 아린 하늘이 채질하는 이 봄날

조캉 사원 뒤꼍에
야윈 철새 한 마리

떨구고 온 전생의
부스럼 자리 위에

버거워 부르지 못할 다람살라*를 되뇐다.

* 티베트 망명정부가 있는 인도의 도시.

어머니 매운 손끝이

어머니 두고 가신 반듯한 다듬잇돌
홑이불 베갯잇 구겨진 일상들과
시름도 지르잡아서 상큼하게 펴셨네

버석이며 뒤채는 마음 밭 불길까지
풀 먹여 눌러놓고 내리치던 방망이
고단함 달게 삭여서 땀방울 꽃이 핀다

무엇이든 올려라
만나면 꺾어야 할

끝없는 매질에도 일어서던 저 음모
어머니 매운 손끝이 내 마음을 펴신다.

중환中丸
– 착한 소에게 바침

독을 품은 말들이
가슴을 뚫고 가서

착하고 귀한 목숨에
종주먹을 대고 있다

관통한
심장 근처엔
구더기가 들끓고…….

파도는 밤새 내 멱살을 잡고

명천鳴川* 선생 잠들어 계신 갈머리 솔숲에서
구시렁대는 봄비에 반 뼘쯤 자란 약쑥이
어눌한 선생 말투로 짯짯이 되묻는다

깻묵에도 씨가 있지 꺼끔하게 굴지 말어

사는 게 구새 먹은 들뽕나무 옹두리 같아도
들병장수가 술 짐을 진다고 글쟁이는 외로워야지
알기는 칠월 귀뚜라민데 부잣집 별식 먹듯 할까
부스럼이 살 되지 않구 죽으면 썩을 손이여
밴 아이 사내 아니면 계집이지 돌아볼 게 뭐시여
욱닥거리며 싸대니지 말구 다 토하구 가시게
대천 앞바다 파도 치대듯 토해놓구 가시게**

파도에
멱살 잡힌 밤이
고단해도 달았다.

* 소설가 이문구의 호.
** 둘째 수 초·중장은 명천 선생 여러 소설의 글귀들 중에서 추려 엮음.

명함 名銜

1
외진 길섶 잡풀 속
개똥참외 한 놈이

찬 서리 머리에 이고
도마복음 외고 있다

뾰로통
돌아앉은 태엔
온 시름을 꿰차고

2
켕기는 남루襤褸 몇 장
패霸 뒤에 감춘 채

모진 손에 건네져
허투루 널브러진

욕계천欲界天
헤매고 다닐
스팸 메일 한 조각.

마현馬峴에서 온 편지

마음 버캐 긁어내고
바람 한 줌 모셨네

버리고 기다려야
쟁쟁히 피어나는

소금밭
하늘의 역사役事에
얼룩도 묻어두고

여유당與猶堂* 겨울 뜰을
서성이던 잔기침 소리

서울 가는 강물에
태산을 실어 보내고

생인손
부둥켜안은 채

겨울밤을 지샌다.

* 경기도 남양주시 마현에 있는 茶山의 생가.

자필 이력서 한 통

삐뚠 획에 덧칠하여
속내를 드러낸 채

문풍지 떠는 저녁
아귀가 물러터진

봉창질
그득한 딱지

곪은 듯
아문 듯한.

2부

어금니

오십 년을 엎드려 못난 놈 시봉하며

온갖 고얀 냄새 거친 음식 받아내다

삭정이 앙상한 마디에 뿌리까지 삭았다

호사는 고사하고 말치레도 야박해

오금을 못 추며 세월을 갈았는데

얇은 귀 견디지 못하고 외통수로 내치네

두는 것이 화근이라며 가차 없이 들어내니

검은 뿌리 하늘 보고 은쟁반에 누우셨다

육탈한 저 맑은 정신이 언 뺨을 갈긴다.

엉겅퀴

타는 속 감추느라 거칠어진 꽃대궁아

곁에는 애기똥풀 괭이밥 한창인데

설운 맘
다 못 삭이고
붉은 꽃만 사른다

만경 뜰 건너가던 키 작은 녹두장군

덤빌 테면 덤벼봐라 날 세운 가시 잎들

못다 핀
그 마음인 양
흐트러진 상투 머리.

별똥별

억겁의 그리움인가
무자화두無字話頭 하나 들고

부딪고 보대끼다가
일순에 타고 마는

너는 왜
이리도 정갈하게
내 가슴에 박히느냐.

사랑의 곳간

다 채워 네게 준들
무엇이 아까우랴
곤하게 널브러지고
헤쳐진 가슴 다 내줘도

괜찮아
그리운 이여
너를 보면 괜찮아

대설 동지 지나도록
우려내지 못하고
들끓는 네 억장 속
첫눈을 기다리다가

한 움큼
또 한 움큼씩
야위는 걸 아느냐.

도깨비바늘

바람願도 아득하게 된서리에 꺾이어
깊은 나락 헤매다가 빈손으로 돌아오면

누구지?
옷자락 가득
묻어오는 네 정체는

열어보면 흩어질까 마음 구석 묻은 불씨
누름돌 밀쳐내고 뒷덜미 붙잡는다

이놈아!
그게 아니야
들이미는 비수들.

황사

난데없이 일어나선 제 맘대로 들끓다가

질풍처럼 날뛰며 불혹을 덮는 그대

언제나
잠자려는가
내 마음속 게릴라.

묘공 행장 猫公 行狀

  언제나 그랬듯이 정말 찰나였겠지 어느 놈이든 네 뜻대로 주리를 틀었으니까 날쌘 놈 시공을 넘어 언제나 발군拔群이었어

  누구라도 한 번쯤 너를 앞서 달렸더라면 그 잘난 계산법에 현혹되진 않았을 텐데 부탁해 이제는 그만 지면서도 살아봐

  큰길에 누워보니 빠른 게 너무도 많지? 감시 카메라 무색하고 네 눈빛을 앞서는 질주 날렵한 자태를 접고 오장육부를 말린다.

폭설

눈은
길을 막고
마음은
당신을 막아

끝없이
쓸어내고
공들여
헐어내지만

순식간
그대를 가리는
내 가슴의 폭설.

섬

힘겹게 부딪느니
시리도록 떨어져

내 몫이라면 한 번쯤
숯 검댕이 되어볼까

새도록
여윈 파도에게
빈 가슴이나 주면서.

왜 발걸음 더 무거운지
― 탁발 기행 중인 도법 스님께

눈 녹아내리는 소리 가슴은 더 먹먹하고
안거 마친 발걸음은 천근이나 되는데
길에서 찬밥을 얻는 바랑 끈이 옥죕니다

이 몸을 부려서 혼이 더 가볍다면
무문관無門館 쇠 자물통 탓하지 말아야지
생각이 까치집 짓는 낭떠러지 만행 길

지금쯤 타는 벌판
되밟고 있는지요
꽃 소식 방정을 떨며 내닫고 있는데
용트림 뒤채는 발심發心에 환히 웃고 계신지요?

서애西厓의 헛기침

눈雪도 없이 고삐 풀린 후줄근한 소한小寒은
시절을 잘못 읽고 세상을 다 놓친
먹당수 벼슬아치들의 헛손질을 비웃고

서애의 근심 결이 켜켜이 박혀 있는
늙은 원숭이 손바닥 같은 입교당立教堂에서
옛 산을 휘감아 도는 새 물을 본다

찌들어 묵은 시간은 아득해도
무슨 못마땅한 것들 그리도 많은지
아직도 안절부절못하는 저 헛기침 소리

별마저 사위고 시간도 비틀어진
조바심 난 근심 바다 아득한 깊이처럼
처량한 세월의 고샅을 훑어내고 있다.

오징어

거침없이 받는다
시퍼렇게 날 선 칼

먹물 통 칠흑 바다
순식간에 버리고

언 가슴
대꼬챙이에 꿰인
눈물겨운 저 변신.

낡은 애증은 시름 속에서 울고
―격포를 떠나며

멀어지는 포구는 언제나 애잔하게
한 움큼 남아 있는 시름 속에서 울고

한 치 앞
마음의 섶마저
휘청거리는 저물녘

숨 가쁜 지천명도
병이 되는 오르막에
끝없이 도려내도
아물지 않는 부스럼처럼

앙다문
비루 하나만
바장대고 있구나.

늙은 동백이 나에게

그렁그렁 눈물 같은
검붉은 근심 달고

선운사 뒤뜰을 지키던
수척한 늙은 동백이

엉성한
내 바자울을
짓부수고 가버렸다.

자화상

머릿속에 자라는 휑한 사막이
왼종일 걸어도 끝이 없게 자라서
고성능 안테나로도 송수신이 어렵다

강력한 무뇌층이 전파를 잠식하여
사막의 귀 큰 여우만 호출음에 놀라는

아득한
차마고도茶馬古道에
어설프게 선 이여.

| 시인의 말 |

새벽에 먼저 길을 나선 사람이 있었습니다.
그리고 또 한 사람 그 뒤를 따라나섰습니다.
아침이 되어도 밝아올 날을 걱정하던 시절이었지요.
그러나 먼저 나선 이가 뒷사람 손을 잡아끌어 주면
젊은이 눈가에는 하냥 웃음이 넘쳤습니다.

"냉이 꽃 한 잎에겐들 그 목숨을 뉘 넣을까"
고된 세상을 건너다 보니 무에든 다 걱정인 눈빛에
"꽃이 피네 한 잎 두 잎 한 하늘이 열리고 있네"
조용히 운을 받던 두 사람은 이태 사이에
앞서거니 뒤서거니 먼 길 떠나 별이 되셨습니다.

두 분이 절며 걷던 긴 강둑 건너
따순 볕이 남실대고 봄바람이 한창입니다.
그 길을 두 사람이 우쭐대며 따라가고 있습니다.
때로는 막걸리 사발 주고받다가 목소리도 높아지지만

"백성의 밥그릇"과 "녹슨 금강경 몇 줄"을 더듬으며
울컥 눈시울 붉힐 줄도 알지요.

'별' 들이 베풀어주신 아득한 시간,
벚꽃 이운 강둑에는 철쭉이 지천입니다.

어찌 된 인연인지
이호우시조문학상(제16회)과 가람시조문학상(제29회)
본상과 신인상을 함께 받게 되어 좀 머쓱하지만
아름다운 만남이라 생각하여 시집을 묶게 되었습니다.

- 2009년 5월

김영재, 정용국